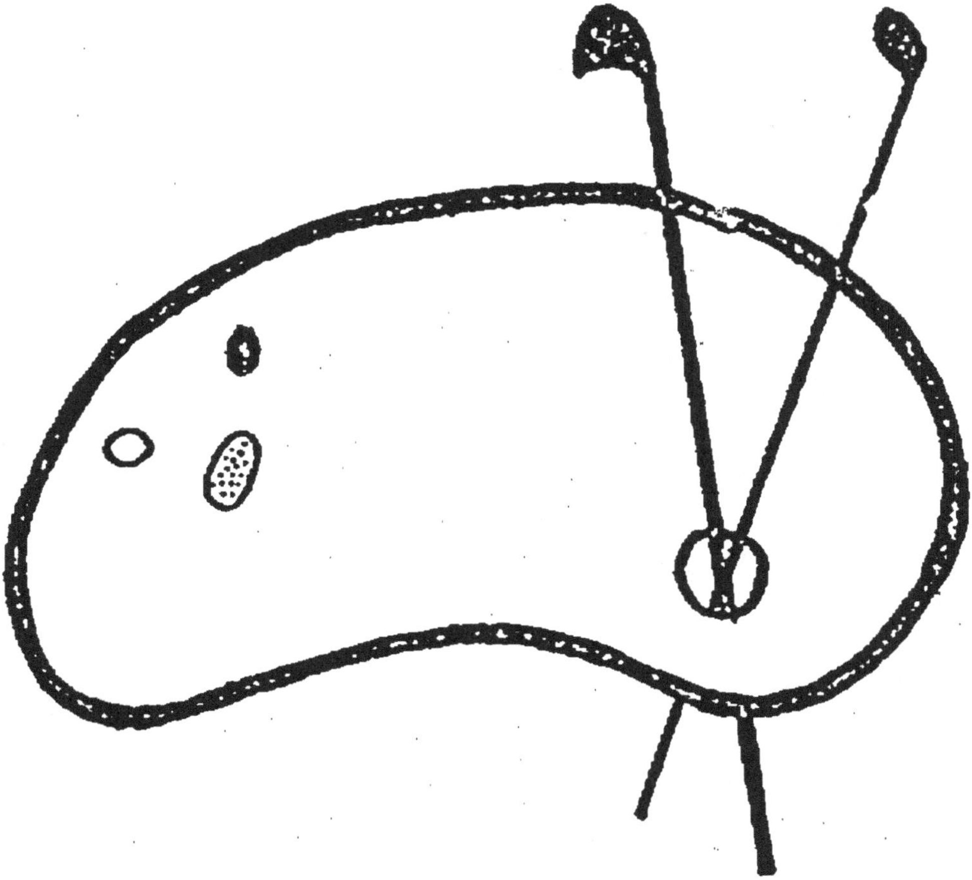

COUVERTURE SUPERIEURE ET INFERIEURE
EN COULEUR

1er d. Marty

Publication faite à
Vervins par les soins de
mon père M. Eug. de Marty.

Petite Chronicque de Doullens telle qu'elle se trouve au Cartulaire rouge de ladicte ville.

La ville et chastellenie de Doullens est de grande antiquité ung arrière-fief du comté de Ponthieu et de laquelle les comtes dudit Ponthieu ont estez seigneurs long tems.

Et se trouve que en l'an noeutz cent soixante dix ou lxxj, le comte de Ponthieu seigneur viscomte et chastellain dudit Doullens se nommoit Guillaume, lequel estoit favorisé et bien aymez de Lothaire roy de France, fils de Loys aussi roy quatriesme de ce nom et faisoit toutte la conduicte de ses affaires, guerres, battailles et armées, ou il se porta très bien et entre aultres en une guerre que avoit ledict Lothaire allencontre de Arnoult le Viel ou le grand comte de Flandre, ou il proufficta et acquiet grand honneur, tellement quil fist son filz aimé nommé Mathieu comte de Thérouanne et le second comte de Boullogne sur la mer.

Desquelz Guillaume et Mathieu père et fils par succession et tems est issu Guy, comte de Ponthieu et seigneur viscomte et chastelain dudit Doullens, lequel vendit aux habitants dudit Doullens la commune et aultres droictz et privilèges dont il leur promit de bailler lettres ce qu'il refusa depuis de faire.

Et pour ce que lesdictz de Doullens le poursuyvirent et contraindirent a ce faire, il conceupt telle haine contre eulz quil leur fist plusieurs iniures et molestes pour raison desquelles lesd. anciens tout abandonnèrent leur demeure et habitation dudict Doullens et allèrent ailleurs conduire leurs habits et demeures.

Ledit Guy délaissa deux filz dont laisné se nomoit Jehan et le maisné se nommoit Guy.

Icelui Jehan succéda a ladite comté, seigneurie, ville, viscomté, chastellenie de Doullens dont il jouist jusques en l'an mil cent quatre vingtz unze ou douze qu'il alla de vie à trespas. De son vivant il entendoit bailler ladicte commune droictz et privilèges ausdictz de Doullens selon que le avoit promis Guy son père et en chargea de ainssy le faire son filz et successeur nommé Guillaume.

Lequel Guillaume estant comte de Ponthieu seigneur visconte et chastellain de Doullens et depuis comte de Monstroeul fut allié par mariaige avec Aelia fille deuxiesme de Loys le Iosne vij.e de ce nom roy de France et de Alienor duchesse dacquitaine sa première espouse.

En consentement de la quelle pour acquieter et descharger led. Guy, lequel estoit tenu vers lesdictz de Doullens et accomplir l'intention et volunté dud. Iehan son père octroya ausd. de Doullens la commune quilz ont avec plusieurs beaulx previlèges et droictz au long contenuz en sa chartre quil leur délivra à ceste fin soubz son scel et en présences de pluisieurs personnes tant de lestat de l'Eglise que de noblesse de justices et de qualitez égrégiouses et honnorables, et laquelle chartre se commenche en ces molz :

Quoniam ea que mentes nostras solent effugere littera fideliter consuevit reservare, Ego Wilelmus comes Ponthivi tam presentibus quam futuris notum facio quod cum avus meus Guido comes Ponthivi, propter injurias et molestias a potentibus terre suis burgensibus Dullendii frequenter illatas eisdem communiam vendidisset et super illa venditionne scriptum autenticquum non haberent, ad petionem eorumdem burgensium et assensu uxoris mee Aalais, filie regis Francie et patrui mei Guidonis et consilio hominum meorum concessi eis communiam habendam et tanquam fidelibus meis contra omnes homines in perpetuum tenendam secundum jura et consuetudines communie Abbatisville... laquelle chartre finit par ces mots : Datum per manum Ingelranni Capellani apud Abbatisvillam in domo beati Petri anno verbi incarnati millesimo ij^e secundo mense junio septimo Idiis ejusdem.

Laquelle chartre a esté confirmée par Philippe ij roy de France surnommé Auguste ou Dieu donné frère de ladicte Aélie, touteffois de la troisiesme femme dudit Loys leur père, laquelle se nommoit Aelia fille de Thibault comte de Blois, et fust ladicte confirmacion faicte l'an mil deux cent vingt et ung, quarante troiziesme année du règne dud. Philippe estant lors à Sainct Germain en Laye.

Fault entendre que des lors lesdits de Doullens eurent permission desdilz comte et contesse de avoir scel; et en icelluy est empreint leffigie dud. comte monté sur ung cheval et levé tenant lespée au poing et portant ung escusson pour enseignes et armoiries; Et lad. commune porte les armoiries du comte de Ponthieu qui sont a ung escu dazur trois barres d'or et au milieu pour différence en poincte a ung escusson d'argent et une croix de gueulle quelle a long tems portée et jusquau tems du Roy Charles cinquiesme qui comencha a régner lan mil trois cent soixante quatre.

Et sy leur donnèrent banlieue grande et spatieuse allentour de ladicte ville ou sont assis plusieurs villaiges et censses dont les habitants sont subjects ausd. de Doullens.

Des depuis le tems du regne desdictz comte et comtesse, ladicte ville, seigneurie et chastellenie de Doullens est tombée es mains du Roy de France

signament de Phls quatriesme de ce nom qui commencha a regner lan mil deux cens quatre vingtz six
et de Louis son filz dixiesme de ce nom surnomé
hutin qui commencha a régner lan mil iiij^e et quinze,
lesquelz le aliennèrent et transporterrent es mains
de Guy conte de Sainct Pol qui le a detenu et ses
successeurs par lespasse de soixante huict ans.

Et pour ce que c'estoit au grand intérest et
préjudice desd. de Doullens led. Roy Charles cinc-
quiesme filz du Roy Iehan venu a la couronne
sur la requeste que luy firent ceulx de Doullens
et moiennant la somme de cincq cens francs d'or
qu'ils paièrent a luy, il révoqa lesd. aliennations
et transportz, et revint ladicte ville, seigneurie,
viscomté et chastellenie de Doullens et les appen-
dances d'icelle a sa couronne et domaine, et pro-

mist pour luy et ses successeurs roys de France
ne la mettre hors lad. couronne et domaine ni la
bailler en appanage ni aultrement en quelque sorte
et mannière que ce soit et de ce en baillia lettres
quy commence par ces motz : Karolus Dei gratia
Francorum rex ad perpetuam rei memoriam.....
dattées de l'an mil iiij^c lxi troisiesme année de
son règne.

Et dès lors remist et establit le siège royal
de prévost, scel, auditoire et aultres droictz et
prééminenche qui avoient esté concédées et dis-
traites assavoir une partie ressortissant en la
prévosté de Beauquesne, une aultre partie a sainct
Ricquier et l'aultre a sainct Pol et fust permis
ausd. de Doullens de porter a leur commune pour
armoiries lescu de France semé de fleurs de lys

sans nombre et au millieu en poincte led. escusson d'argent et ladite croix de gueulles quelle porte encoire présentement.

Et pour savoir d'ou vient ce nom de Doullens il lui a esté proprement imposé pour ce que ladicte ville est scituée sur deux belles rivières lune desquelles est Authie estant de renom et lautre est de Cuchuel, environnée de belles praieries et par de bonnes et fructueuses terres labourables et sy avoit a lenviron et prochain de belles vingnes et des bois a plantes qui sont toutes choses a la nourriture tant des hommes que des bestes et pour ce se dict en latin Dullendium quasi dulce alendium qui est a dire doulce nourriture.

Et fut limposition dudit nom faicte long tems que Julius Coesar estant en la Gaule Belgique eust destruict et ruiné la ville de Abladène a présent nommé Amiens quy fust xliij ans devant la nativité de Jhesus Christ et auparavant se nommoit Dollent ou Val Dolent, parce que cestoit un passage dangereux d'aller desd. villes de France a Morine dicte depuis Therouenne, estant pour lors ville de grand renom et aultres villes du pais de Flandres, et se tenoit aud. Doullens ung Géant qui tyranisoit et commettoit de grandes cruaultez sur les passantz par ledit lieu et prenoit de grandz tribus sur eulz qui leur faisoit promptement payer ou bien leur faisoit promettre de rappasser et luy paier ce quil convenoit avec eulx.

Et autour sont les vestiges des anciens bastiments du chasteau dudit géant et ung bois qui s'appeloit le bois de Graistel a présent ruyné, lequel bois estoit lez et touchant ladicte ville de Dollent et se nommoit antérieurement le bois de Cideffois, quasi a side ligando.

Et sy racompte que ledict géant ne osa attendre lexertisse de Cézar et habandonnant sa résidence se retira a Monstroeuil de ce temps la nommée haulte mer et lequel Jules César se mist aud. bastiment et chasteau ou il séjourna long tems. Et pour ce quil faisoit porter en son camp les deux Idoles de Mars et de Bel il leur sist bastir chacun ung lieu, assavoir a cestuy de Mars ou est a présent le villaige de Thalemas quasi Thalamus Martis a trois lieues prez ledict Doullens, et a celluy de Bel au lieu ou est de présent le villaige de Beauval a une lieue près dud. Doullens quy est une vallée. Et il y a encoire plusieurs aultres villaiges près led. Doullens qui ont estez nommez pour lesdicts faicts et actes que fist led. Julius César comme Beauquesne qui est dict Bellaquercus quasy le quesne de Bel, où il fust encoire reposé, Authieulz ou Authelz quy est dict en latin de Altarubia, ou lesdicts Idolles et aultres simulacres furent ensemble mis durant son séjour pour estre voeuz générallement par ceux de sa suitte lorsqu'il sacrifioit a la mode de ce temps.

———

La prevosté dudit Doullens antiennement se estendoit au villaige de Hédin du comté de Sainct Pol, mais a présent ce a esté remis par les appoinctements entre ledict Roy de France et les comtes de Flandre et d'Artois, comme on pourroit le tout plus facillement voir par lesdictes chronicques et annales de France, comté de Sainct Pol, de Doullens et aultres.

———

La présente chronicque a esté achevée de imprimer l'an mil viij^c cinquante et ung au mois de novembre par François Auguste Mogino, demourant à Vervins.

Tiré à xij exemplaires seulement.

N° xij.